Sonia Sager

# Callejón de espejos

## Sonia Sager

Del Alma Editores

Sonia Sager

Sager, Sonia Lilian
Callejón de espejos : poesía / Sonia Lilian Sager ; editado por Gladys Viviana Landaburo. - 1a ed. - Cosquín : Del Alma Editores, 2016.
64 p. ; 21 x 14 cm.

ISBN 978-987-3907-05-0

1. Poesía Argentina. I. Landaburo, Gladys Viviana, ed. II. Título.
CDD A861

Callejón de espejos
Autora: Sonia Sager
Diseño de portada: Carolina Ancel
Editora: Gladys Viviana Landaburo
Del Alma Editores ©2016
Email: del_alma_editores@yahoo.com.ar

Todos los Derechos Reservados.
Prohibida la reproducción total o parcial
de esta obra por cualquier medio
sin previo permiso escrito por parte del autor.

A mi querida madre Mary Guerra
A Marito mi hno.
A Tita mi cuñada
A Ezequiel, Juan Cruz y Ayrton
    mis tres sobrinos

¡Qué pequeñas son mis manos en relación con todo lo que la vida ha querido darme!

Ramón J. Sénder
Escritor español

Gracias por regalarme un pedacito de tu corazón: Vane, Duilia, Mirko, Ubaldo, Hugo y los que todavía están en el nido: Lumi, Mila, Anto, Agu, Emi.

Sonia Sager

## Prólogo

En una mañana de sol... como es ella con su sonrisa, conocí a la escritora y hoy amiga Sonia Sager Guerra .Muchas personas tratarán de descubrirla a través de sus letras pero yo primeramente la conocí por su fuerza interior. Recuerdo aquella vez que apareció en un Encuentro de Escritores, mientras en su mano temblaba la hoja de "Cóncavo y convexo". En tan solo un instante llenó con su alegría el lugar, inundándolo de luz y eso, es privilegio o don de unos pocos. Quienes la conocen verdaderamente, no dudarán en afirmar que es una bocanada de aire fresco. Y es así como ella escribe con la pluma, llena de sus emociones, de esa pasión interior que la impulsa cada día a hacer de este mundo, un lugar mejor. Sus sentimientos se traslucen en sus escritos como un velo diáfano, sencillo. Porque no necesita adornos la palabra que nace del corazón. ¿Quién no pensó alguna vez en un hombre para amar y ser amada hasta los huesos? . Pero no todos lo dicen. Sonia ha cruzado esa frontera y lo ha volcado en el papel en "Busco un amante". Aunque mi favorita entre muchas, debo confesar, es "Poesía Final". En ella el paisaje acompaña su sentir, es la mujer que experimenta el viento, recuerda viejos placeres en el otoño de su vida pero vive y vuelve a sentir la esencia del alma en su interior, en cada amanecer. Cuántas veces nos preguntamos ¿cómo encarcelar el tiempo? y ella lo hace con esa magia que la caracteriza. O en "No tiene nombre" nos hace concebir el amor " hasta debajo de las uñas" como perfectamente lo describe. Por eso si esperas encontrar en este libro un río manso, olvídalo. Sus letras son el arroyo claro que corre dentro de nosotros, con altos y bajos, algunas veces tranquilo y otras caudaloso. El ser humano es así, y la escritora SONIA SAGER GUERRA ha logrado captarlo, cumpliendo su cometido.

Ada Noemí Zagaglia (Gorrioncita)
Profesora, Traductora, Escritora, Poeta.

*Busco un amante*

Que pueda solo yo verlo.
Pinte con sus manos el contorno de mis mañanas.
Detenga afuera el tiempo del tiempo.
Tapice mi camino con los fulgores de su mirada.
Deje en mi piel tatuados collares de besos.
Llene mi vida con su locura y caprichos.
Un fiel amante que moldee con sus manos todos mis antojos,
quizás así lo encarcele en mis madrugadas.
Entre hojas secas y hojarasca
quedara enterrado ese sueño de un amante,
en el reloj marcada siempre la misma hora,
en papel amarillento escritas las palabras
mil veces dichas.
Pero amantes cautivos del pasado
suspendido siempre del mañana.

Sonia Sager

*Esquizofrenia*

Esta noche respiro tu ausencia
mi sonrisa, grita tu nombre.
Refugiaré mi dolor en caminos solitarios;
Me falta tu cuerpo desnudo
tu respiración agitada entre sábanas desordenadas,
tus manos ligeras llevándome al éxtasis
Si pudiera dibujar tu recuerdo
en los vidrios empañados...
aliviarían mis sueños angustiados
mis horas doloridas
por este amor desvergonzado
que logra perderme en la demencia.

*Adicción*

Tu mirada me inquieta.
tu voz me agita.
Tus manos me excitan.
Tu olor me perturba.
Tu sabor me mata lentamente.
Deja que escriba en el papel de tu piel
palmo a palmo y sin apuros
"tu lujuria me impregna
me enajena, me tortura sin pena"
convirtiéndome en adicta
a tu cuerpo, caricias, besos, y a tus labios.

## Carrusel

Tus ojos, tus manos, tus labios, tu sonrisa,
me cautivaron.
El viento me lleva hasta tu alcoba
llego desnuda vestida de fuego
me sumerjo en la profunda
oscuridad de tus ojos.
En un ramo de suspiros y ensueño
tus manos escalan mi cuerpo
navegan ligeras al puerto.
Carrusel de caricias mi alma estremece
regala tu experiencia fantasías lujuriosas
soplos encendidos murmura mi todo
mientras la cálida y tibia humedad de tus labios
fuente de mi inspiración
se deslizan por mis bordes ardientes...
Parece de pronto que el tiempo se ha esfumado
¿cuánto habrá tardado mi boca en transitar tu cuerpo?
Tan solo, lo que dura un suspiro
o el aleteo de tus ojos.
Tu geografía extenúa mis sentidos
nos volvemos locos
en una misma pasión.

*¿Cómo eres?*

Eres como el olor a café y canela
Sublime, inigualable
Exquisito, insuperable
Tentador, irresistible
Fragante, aromático.

Con tu mirada envuelves.
Acaricias con tus suspiros.
Devoras con tus labios.
Creas con las manos.
Esta noche mientras duermes
entraré como ladrón
para mirarte simplemente mirarte
por el eterno espacio de un minuto,
saber que tu cuerpo y el mío
son perfecta unión de cóncavo y convexo.

## Gramática sentimental

"Me gustaría descifrar
cada verso de tu mirada.
Eres verbo
en el tiempo y espacio
un accidente singular
en mi vida,
sustantivo que atesora
infinidad de adjetivos.
Nuestros cuerpos
con códigos y exclamación
formaron un diptongo
llegando a punto final."

## Alucinada

"Seductor como el vino que degustas,
inquietas la sombra de mi silueta,
desabrochas mis sueños,
desnudas mi piel.
Causante de mis sentires
cautivas mis pensamientos
me llevas al ensueño,
mi mirada solo proclama...
tócame eres mi delirio!"

## Rehén invisible

A veces quisiera...
dejarte ir como si fueras humo
decapitar mis ojos en la tristeza.
Tendré que transigir
con el pensamiento
Me gustaría...
ejecutarte por un instante
y poder ser libre de tu cuerpo
Es que...
cómo punza... tu delito
me destruye no poseerte...
Me vuelvo un rehén en manos del tiempo
siento perder...
Me resisto a las muletas del fracaso
olvidar esta avidez de amarte
que no deja de manar,
se me suicida el alma...
se ejecuta el corazón...
se inmolan las lágrimas
en mi gastada cara,
siento destrozada la pasión
que acribilla...

duele
no deja de lacerar
Esta idea desgarrada, enfurecida
es un cadáver que quema mi piel
macabro grito, macabro llanto
que explota mis sentidos
gasta mi esencia;
exhumaré el corazón
para saber si este batallar cincelado
vale la pena
¡no puedo más!...
Aquietando este amor
sigues en mi interior salvaje.

## Siempre estás

"Quizás mi mirada
esté gastada...
Quizás mi voz...
sea un silencio gris...
pero hay un viento color rubí
tocando notas en mi piel,
arpegio que se pierde
en mi geografía;
cuando en anocheceres
anidó en mi lecho."

## *Sólo teatro*

"Cuando las sombras bailan…
busco tus pantomimas de actuación,
pregonas ser un cóndor libre
que no se detiene en lechos.
Diseñas catarsis cada día
para huir del amor.
Tu corazón de hierro
sólo conoce el silencio que ensordece
la soberbia del machismo."

## Tan efímero como tú

Te has dormido entre mis versos
después de hacerme el amor;
Azul retazo de la tarde
dimensión de lo invisible,
en mis sueños, ahuecas refugios
bebes mi licor en las madrugadas,
En tus ojos oscuros, el asombro
de tu volátil corazón.
Me complotaré
con otros soles
para descubrir
la contracara de tu sombra .

## *Buscando*

Abrigo mi carne
en soledad,
vestida de lluvia
voy de un extremo al otro
en el andén de los recuerdos
Pongo estrellas entre tu piel
te recorro íntegro,
sendero tras senderos
descalzo mi amor
desnudo mis miedos,
soy la prolongación de tu cuerpo
busco en el tiempo,
en los recovecos de los días,
aquellas palabras humedad, desarmadas
despeinada, descalza
que se abrían paso en nuestras entrañas
coqueteando y haciendo un disfrute casi lúdico
de tus labios en los míos
tu piel en la mía
llenando de alquimia nuestros días, aquellos días.

Sonia Sager

## ¡Pincelar!

En el horizonte callado, sin brumas,
cuando vuelvan las sombras del olvido,
los demonios ronden tu cama
te acordarás de mi.
Cuando anclado en mis ojos,
atrapado en mis senos,
coloreaba tus suspiros
por las curvas de mi piel
hasta el abismo de mis entrañas.

En el vértice de tus labios
quedó la exaltación que te hacía suplicar.
En tu piel diáfana
solfeaba mis versos
que se transformaban en acordes
en cada rincón de tu cuerpo
que mis manos tocaban.

Hoy sentada en el rincón de la nada
mis pensamientos me arrastran hasta tu evocación
pero sé que tú, hambriento,
desesperas de pasión.

Porque el oráculo profetizo
que nadie te hará sentir
en cada centímetro de tu ser
lo que hacían mis manos en ellos
ni escucharás tu voz demandando más y más.
De eso estoy segura
nadie más que yo sabrá esos secretos.

Sonia Sager

## *Insaciable*

Preludio la cumbre de lo eterno
en la mágica carne que descarna destellos,
un grito rojizo entre retratos
como fin de un crepúsculo
al contemplarme en el espejo necrológico
sin sentir retazos de tu cuerpo.
Rincón sordo
para morder la sombra
del aliento que se escapa
de mi voz callada en tu silencio.
Resabio de noches que se fugan
hasta perderme en la obsesiva búsqueda
para encontrarte en
la locura de mis versos.

## *La piel que habitas*

En los escondrijos de tus pensamientos,
te hundes sin darte cuenta,
la ceguera fue y es tu camino.
Tu mirada lasciva arrolla, envuelve, fascina.
Logras tu cometido, pero siempre quedas vacío.
Llegará el día que el tiempo pasará factura,
sentado en el umbral de tu puerta
verás pasar los fantasmas con cara de gozo,
risas cómplices, burlas azotándote
la espalda de gemidos lejanos.
Entonces sabrás… sentirás
lo que es el invierno en tu piel,
la soledad como mortaja.
Tus labios resecos
cuarteada la boca…
suplicarás
pero la vida tiene su precio
y te tocará pagarla
por jugar siempre con cartas marcadas,
allí vibrarán tus cuerdas
llenándote de sinfonía,

esa que solo yo sabía descubrir
"La soberbia".

## Ladrón

Se despereza el invierno
por los bordes
de la noche.
Como ladrón desvalijaste mi alma
desordenando mi vida y perturbando mi alma
raptor, de sueños, miradas, ilusiones
Aúllan tus recuerdos
si confirmo tus ojos, tus manos
transitando mi piel,
resucito huellas
esas huellas
que son un vicio que mata sin dolor.
Después de haberte fugado.
vago hasta la desnudez,
porque el abismo agobia
con pregunta
el ladrón
ese ladrón
aquel ladrón
mi ladrón.
Ese que se acrisola
cada mañana por la ventana.

Sonia Sager

## *Mi Quijote*

Mi caballero andante
Qué mundo estarás corriendo
Qué lunas guiarán tu camino.
Aúllan los recuerdos
camino descalza…
en este otoño.
Sé del sabor amargo de la soledad
cuando cada noche miro el cielo
como me enseñaste,
sigo sin encontrar tu estrella
¿Quién me la ha quitado?
En qué coreografía del universo estarás,
por los pasillos de la noche
sigo mi búsqueda.

*No tiene nombre*

Quiero estallar como vaina de vainilla
embriagarme de olores,
emborracharme de sensaciones y deseo
para darte mi pasión al viento.
Que mis manos sean ríos
enredándose en tus cabellos,
invadir el aire que respiras,
explotar en cada uno de tus latidos,
recorrer tus salados corredores
gastando horas en el vacío
para sentir el amor hasta debajo de las uñas
¿cómo volver a encarcelar el tiempo?

## Desvelada

Pasan las horas,
iluminadas por menguante,
lentas, decididas en su caminar.
Yo, loca desvelada,
leo con mis manos analfabetas
el libro de tu cuerpo,
la ruta me lleva a
descubrir los paisajes secretos
de tus curvas
desconociendo límite y cordura.

## *Recuerdos crónicos*

Los centinelas del infierno volvieron abrir los portones,
ácido y áspero
que esboza un diseño
en el marco de un tormento.
Con color de burla y fraude,
tinte de furia y de exageración,
pigmento de soledad y olvido,
con matiz de ansiedad y llanto.
Mi alma vuelve a vagar por el universo,

liviana, desnuda, con miedos,
llena de contradicciones,
entre cenizas casi inerte.
Lluvia interminable de recuerdos
que nubla la mirada en lo profundo.
Vuelvo a sentir que la vida se escapa
en cada crepúsculo que se marcha.
Me pregunto… en qué momento
comencé a morir nuevamente.
Cuanta soledad entre sábanas frías.
Recuerdos crujiendo en cada rincón de mi ser
cuánto te amé, cuánto lloré tu ausencia,

cuántas veces me dobló el dolor.
Quisiera verte llegar como el sol al alba,
como la lluvia en tiempo de sequía
para dejar de hacerle el amor a mi nostalgia
de una época tan lejana
porque tu destierro no tiene vuelta

## Simple Ilusión

La lluvia cae sin cesar
golpea en los cristales de mi ventana.
Tarde gris llena de melancolía
recuerdos guardados en algún rincón lejano,
de repente tu imagen
en aquel espejo
donde tantas veces nos miramos,
parecías real, si hasta tus ojos brillaban
No fuiste mío, ni fui tuya
solamente una ilusión maravillosa y cruel a la vez
que es lo que queda después de un sueño.
Aun hoy te sigo viendo en aquel espejo
resucito con tu mirada y me aferró a tu sonrisa
¿dime, cómo hago para no pensarte, soñarte y sentirte?

## *Óxido y seda*

En el dintel de la legendaria madrugada
envueltos en sábanas de óxido y seda
navego el río de tu espalda,
tiempo que se disuelve suavemente,
Tus labios con sabor a café
caminan mis colinas,
nos perdemos en nuestros aromas
que explotan en el ámbar del deseo.

*Sabores, aromas, sensaciones*

Pronto el día se hará noche
el sol se deprimirá en el horizonte,
el silencio asediará todo
es allí donde tu fragancia todo lo baña,
tu cuerpo se transforma
en música para mis oídos,
vino para mis labios,
seda para mis manos.

Sonia Sager

## Soledad + Evocación

La tarde transpira sus últimas gotas
de jazmín en el crepúsculo,
invita a engarzar recuerdos
Ajusto lentamente las voces de la evocación
que sentada en mis ojos
es tenue llovizna
cayendo al abismo.
Quebré el diapasón de la ausencia
sufragio ilusorio de las horas,
la soledad de vos
se escurrió entre mis sábanas,
envuelta en el
aroma a miel
que se desprende,
de tu piel canela...
Sobreviví al espejismo
del mapa de tu piel
convertido en mi océano infinito.

*Inspirar + exhalar = suspiros*

En la veta perdida de mis recuerdos,
llegan los suspiros
de aquellos momentos
que despertaban el placer y la sensualidad,
Suspiros cadenciosos
líricos,
suaves, exquisitos,
con algo de vanidad y un toque de glamur,
explosión de frescura sensual,
incitadores, intensos,
chispeante como el champán
hipnotizantes,
eran un imán para mi cuerpo
con un suave sabor a pasión
me volvían tu esclava.
Sonido que a mis oídos
eran un acorde de baladas.
Mis viejas heridas sangran luna creciente
porque tus suspiros
humedecen mis largos silencios
en el calendario
sin hojas de mi memoria.

Sonia Sager

## *Transformación*

Era un fantasma vagabundo
llorando mi tristeza,
llegaste tú
con la lluvia de enero
accidente feliz en mi vida solitaria
refrescaste mi fría nostalgia;
en el trasbordo misterioso del tiempo
te transformaste
en mi arte deshonesto
dolor exquisito
mi hombre, Quijote, caballero andante
¿dónde te encuentras ahora?

> ... *Vivir*
> *con el alma aferrada*
> *a un dulce recuerdo*
> *que lloro otra vez...*
> Carlos Gardel

## Las noches que no estás

Miró al espejo...
tengo el corazón quebrado,
sus ropas desgarradas,
sus pies hambrientos,
Sigo preso del calor de mis manos
que deshojaban tus tabúes
esculpían tus laderas.
Me entregabas
tu embriaguez
tu perfume sensual,
cuando enajenados
en el reloj de la noche
nos perdíamos en la plenitud
del Amor
¿Te acuerdas?

Sonia Sager

> ...Como han pasado los años
> las vueltas que dio la vida...
> Julio Iglesia

## Demasiado tarde (Caballero andante)

Hoy estamos frente a frente,
ya no somos los mismos
tú sigue con tu sinfónica nostalgia.
El viento cortó tus riendas
colgué la sombra de tu inseguro maniquí,
ya no puedes navegar mi cuerpo a tu capricho.
Hoy mi alcoba esta coloreada de suspiros
la luna creciente humedece los cuerpos
entrelazados por el concierto del sexo
y no eres tú.

## Cómo...

Cómo olvidarte
Si tu manos aún arden en mi cuerpo.
Si todavía siento tu olor.
Si tiemblo con solo escuchar tu voz.
Si en cada cosa encuentro el sabor de tus labios.
Si mis manos te buscan cada noche en mi cama.
Si por lo único que vivo es por tu recuerdo;
tus besos
tus caricias
la pasión.

Cómo podría olvidarte si eres mi razón de vivir

Sonia Sager

## Hoy... Y siempre...

Me gusta
tu estilo caradura
Me gusta
tu pelo del color invierno
Me gusta
el ojal de tu mirada leonina
Me gusta
Me gusta
el vendaval de la comisura de tu boca
Me gusta
tu risa de abismo
Te vuelves miel, pájaro
Me gusta
tu piel que me desboca
Me gusta
contar los lunares de tu geografía
Me gusta
Me gusta
la longitud de tu cuerpo
Me gustan
los caminos a tu ombligo
Me gusta

el atajo a tu implacable urgencia
Me gustan
los meridianos de tus piernas
Te vuelves viento, exilio
me gusta todo de ti
porque conozco tu alma y eres mi desorden.

Sonia Sager

## Silencio

Camino descalza por la transparencia de tu música
tratando de arraigar notas y palabras a tus oídos deslucidos
buscando el equilibrio en el pentagrama de tu corazón.
Pero hay
silencio
defunción
aniquilación
Extraviado en la inercia y sus bemoles,
se esfumó el verbo componer.
Mi aliento crepita
al ver tus dos centinelas
quebrarse en el tiempo cavernario
de tu propia predestinación.

## Tu piel de arcilla

Detengo el tiempo con mi mirada oscilante
que peregrina sobre tu piel de arcilla
deslizo mis dedos como gotas
que recorren la ventana
escucho la resonancia de tu voz
embriagada en los segundos titánicos
cuando la noche ronronea
la hora de los amantes

## Te busqué

En la calle del viejo bulevar
tras la mirada silenciosa de la luna
gruñían las hojas bajo mis pies
la soledad aprisiona montón de palabras

Te encontré
En la calle del viejo bulevar
cuando el viento enredaba las hojas
la luna era un espejo,
me arrebujé en tus pupilas
engarcé mis labios a los tuyos
que en poesía se transformaba
sobre el arrullo inquietante
de nuestro placer.
Somos infinita ecuación
en las horas perpetuas de bellas madrugadas,
habitamos mitades unidas con hilos de letras

## Sin espejismo

En este atardecer
esfumado y lerdo
el sabor de tus besos
zozobra en mi boca,
me pierdo en el arte
entre tu ropa y tu cintura.
Salgo a buscar palabras
en el linde hipnotizado de la noche
Jadear resaca de tus fronteras
que hablen del paisaje de tu alma
lo que habita en tus pensamientos.
Solo quiero ser
el silencio de tu imaginación
para amarte no necesito hablar.
solo dormitar en vos
porque no quiero
una nostalgia en ramillete de hollín
túnica color añil
espejismo en color azul
tiempo con sabor a soledad
mientras la vida gira
y zamarrea el temor de no tenerte

Sonia Sager

## Te regalo

Porque desconozco quién era yo ayer

Te regalo una expedición de tonalidades,
una lluvia de asombro
la desnudez de la luna de febrero
los barcos dormidos con la música del mar
las lágrimas de Alfonsina.
Te regalo
La perplejidad de las estrellas
La encrucijada de las perlas
La sonoridad de los pájaros
La danza del viento
Auroras banales,
crepúsculos delineados con fuegos

Porque sé quien soy hoy
Te regalo
Los códigos de mis besos
los temblores de mis manos
Los retazos de mi corazón
La orillas de mis ojos

El albedrio de mis alas
El dolor agridulce de mi alma

Sonia Sager

## *Te condeno*

yo te condeno
te condeno
a las hiedras pegadas en los bordes de tu respiro
al acertijo de mis ojos
al sabor canela de mis labios
a leer tú mi cuerpo en braille
a mis manos que tocan pero no tocan
al fuego de mis arcanos
aprendo a sobrevivir desde la rigidez y petrificación
yo te condeno
te condeno
a los besos marchitados
a la delicada aridez de mi plumaje
al resplandor de abalorios
a los cráteres baldíos de amor
a las bóvedas vacías
busco el equilibrio entre el bien y el mal
la luz y la oscuridad
el tiempo y la eternidad
porque tengo el corazón en carne viva
yo te condeno

*Soledad... Melancolía...*

Furia de potros truenan entre las nubes,

relámpagos que abren el silencio
Mientras cae la lluvia,
pasa la noche indiferente.

Transmuto
y cauterizo mis heridas con estrellas.
Zurzo mis delirios,
Desvisto mi piel
de viejas hilachas,
Despeino aquellos sueños;
Mientras la oscuridad
lame los rincones.

Trago tu ausencia,
transito con disfraces vacío
Asida a tu recuerdo
resucito
desenfundando aquellas horas
que nos diera la pasión
en el equinoccio de nuestro placer.

Sonia Sager

No hay conjuro más amargo
saberte lejos de mi universo.

## ÍNDICE

Busco un amante ........................................................................... 9

Esquizofrenia ............................................................................... 10

Adicción ....................................................................................... 11

Carrusel ........................................................................................ 12

¿Cómo eres? ................................................................................. 13

Gramática sentimental ................................................................ 14

Alucinada .................................................................................... 15

Rehén invisible ............................................................................ 16

Siempre estás ............................................................................... 18

Solo teatro ................................................................................... 19

Tan efímero como tú ................................................................... 20

Buscando ..................................................................................... 21

¡Cincelar! ..................................................................................... 22

Insacianle ..................................................................................... 24

La piel que habitas ...................................................................... 25

Ladrón ......................................................................................... 27

Mi Quijote .................................................................................. 28

No tiene nombre ......................................................................... 29

Desvelada .................................................................................... 30

Recuerdos crónicos ..................................................................... 31

Simple Ilusión ..................................................................... 33

Óxido y Ceda ..................................................................... 34

Sabores, aromas, sensaciones ............................................ 35

Soledad + Evocación ......................................................... 36

Inspirar + Exhalarr =suapiros ........................................... 37

Transformación ................................................................. 38

Las noches que no estás ..................................................... 39

Cómo .................................................................................. 41

Hoy… Y Siempre .............................................................. 42

Silencio ............................................................................... 44

Tu piel de arcilla ................................................................ 45

Te busqué ........................................................................... 46

Sin espejismo ..................................................................... 47

Te regalo ............................................................................. 48

Te condeno ......................................................................... 50

Soledad… Melancolía ....................................................... 51

Callejón de espejos

Sonia Sager

Del Alma Editores 2016

Callejón de espejos

Sonia Sager